Pequeñas Estrellas

La gimnasia de las pequeñas estrellas

Un libro de El Semillero de Crabtree

Taylor Farley y Pablo de la Vega

Crabtree Publishing
crabtreebooks.com

Me encanta la **gimnasia**.

Tomo clases de gimnasia.

Usamos **colchonetas** suaves para no hacernos daño.

SA

Usamos ropa
elástica.

Nos estiramos, brincamos y hacemos arcos.

Nuestra entrenadora nos ayuda a dar **volteretas**.

Hacemos ***straddle levers***.

Algunas veces hacemos ***splits***.

A veces usamos los aros.

Caminamos sobre
la barra de equilibrio.

¡La gimnasia nos hace fuertes!

Glosario

colchonetas: Las colchonetas son almohadones suaves usadas para proteger a los gimnastas.

elástica: Un material elástico es uno que puede estirarse cuando se tira de él.

gimnasia: La gimnasia es un conjunto de movimientos del cuerpo difíciles y controlados.

splits: Los *splits* son movimientos en los que el cuerpo se desliza sobre el piso abriendo las piernas en direcciones opuestas.

straddle levers: Un *straddle lever* es un movimiento en el que el cuerpo es sostenido por las manos y las piernas son despegadas del suelo colocándolas a los lados opuestos cada una.

volteretas: Las volteretas son giros en los que la cabeza es inclinada hacia el suelo y el cuerpo rueda hacia adelante sobre la cabeza.

Índice analítico

Apoyos de la escuela a los hogares para cuidadores y maestros

Los libros de El Semillero de Crabtree ayudan a los niños a crecer al permitirles practicar la lectura. Las siguientes son algunas preguntas de guía que ayudan a los lectores a construir sus habilidades de comprensión. Algunas posibles respuestas están incluidas.

Antes de leer:

- **¿De qué piensas que tratará este libro?** Pienso que este libro es de gimnasia. Quizá nos enseñará movimientos gimnásticos, como el de la tapa.
- **¿Qué quiero aprender sobre este tema?** Quiero saber cómo practican gimnasia los niños.

Durante la lectura:

- **Me pregunto por qué...** Me pregunto por qué los gimnastas usan ropa elástica.
- **¿Qué he aprendido hasta ahora?** Aprendí que los niños pueden ir a clases de gimnasia. Aprenden a dar volteretas y a hacer *straddle levers* y *splits*.

Después de leer:

- **¿Qué detalles aprendí de este tema?** Aprendí que los gimnastas usan colchonetas suaves para evitar lastimarse. Usan aros y barras.
- **Lee el libro de nuevo y busca las palabras del vocabulario.** Veo la palabra *volteretas* en la página 13 y la palabra *splits* en la página 15. Las otras palabras del vocabulario están en las páginas 22 y 23.

Crabtree Publishing

crabtreebooks.com 800-387-7650

Print book version produced jointly with Blue Door Education in 2021

Written by: Taylor Farley
Translation to Spanish: Pablo de la Vega
Edition in Spanish: Base Tres

Hardcover 978-1-4271-3162-1
Paperback 978-1-4271-3180-5
Ebook (pdf) 978-1-4271-3197-3
Epub 978-1-4271-4846-9
Read-along 978-1-4271-3613-8
Audio book 978-1-4271-4845-2

Library and Archives Canada Cataloguing in Publication

Title: La gimnasia de las pequeñas estrellas / Taylor Farley y Pablo de la Vega.
Other titles: Little stars gymnastics. Spanish
Names: Farley, Taylor, author. | Vega, Pablo de la, translator.
Description: Series statement: Pequeñas estrellas | Translation of: Little stars gymnastics. | Translated by Pablo de la Vega. | "Un libro de el semillero de Crabtree". | Includes index. | Text in Spanish.
Identifiers: Canadiana (print) 20210096306 | Canadiana (ebook) 20210096314 | ISBN 9781427131621 (hardcover) | ISBN 9781427131805 (softcover) | ISBN 9781427131973 (HTML) | ISBN 9781427136138 (read-along ebook)
Subjects: LCSH: Gymnastics—Juvenile literature.
Classification: LCC GV461.3 .F3718 2021 | DDC j796.44—dc23

Published in Canada
Crabtree Publishing
616 Welland Avenue
St. Catharines, Ontario
L2M 5V6

Published in the United States
Crabtree Publishing
347 Fifth Avenue
Suite 1402-145
New York, NY 10016

PHOTO CREDITS:
Cover and page 9 photo: Tatyana Vyc-shutterstock; stars illustration on cover and throughout © Casablanka-shutterstock; pages 3, 4 and 12 © Susan Chiang-istockphoto; page 7 © Valentino Visentini | Dreamstime; pages 10 and 11 © aphichart-istockphoto, KathyDewar-istockphoto, lanych-istpckphoto; page 14 © Sveta Orlova-shutterstock; page 15 © Akvafoto2012 | Dreamstime.com; page 17 © Sergei Kazakov-shutterstock; page 18 © ssj414-istockphoto; page 21 © Julenochek-shutterstock

Printed in Canada/122023/CPC20231207

Library of Congress Cataloging-in-Publication Data

Names: Farley, Taylor, author.
Title: La gimnasia de las pequeñas estrellas / Taylor Farley, Pablo de la Vega.
Other titles: Little stars gymnastics. Spanish
Description: New York, NY : Crabtree Publishing Company, 2021. | Series: Pequeñas estrellas : un libro de el semillero de Crabtree | Includes index.
Identifiers: LCCN 2020056745 (print) | LCCN 2020056746 (ebook) | ISBN 9781427131621 (hardcover) | ISBN 9781427131805 (paperback) | ISBN 9781427131973 (ebook) | ISBN 9781427136138 (epub)
Subjects: LCSH: Gymnastics--Juvenile literature.
Classification: LCC GV461.3 .F3718 2021 (print) | LCC GV461.3 (ebook) DDC 796.44--dc23
LC record available at https://lccn.loc.gov/2020056745
LC ebook record available at https://lccn.loc.gov/2020056746